Émile **ESPAGNAT**

CURÉ DOYEN DE CAZÈRES-SUR-GARONNE

LA

COUTUME DE MONTBERAUD

1416

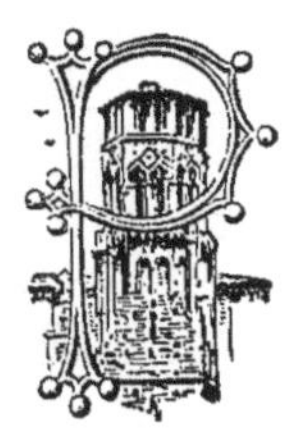

TOULOUSE

IMPRIMERIE ET LIBRAIRIE ÉDOUARD PRIVAT

14, RUE DES ARTS (SQUARE DU MUSÉE)

1910

LA

COUTUME DE MONTBERAUD

1416

Émile **ESPAGNAT**

CURÉ DOYEN DE CAZÈRES-SUR-GARONNE

LA COUTUME DE MONTBERAUD

1416

TOULOUSE

IMPRIMERIE ET LIBRAIRIE ÉDOUARD PRIVAT

14, RUE DES ARTS (SQUARE DU MUSÉE)

1910

Le bourg de Montberaud (*Monteberaldus*) était jadis une petite communauté relevant de l'ancien diocèse de Rieux. Il est actuellement une commune de 470 habitants, dépendant du canton de Cazères (Haute-Garonne), et distant de 65 kilomètres de Toulouse.

Le château des anciens seigneurs est dans une parfaite conservation. Il est la propriété de M. Naudin.

AVANT-PROPOS

La *Coutume* d'un pays[1] est une partie de son histoire ;
elle recèle souvent son origine, son développement, son exis-
tence ; elle rappelle ses luttes, ses conquêtes, son indépendance, ses libertés ; elle énumère les faveurs de son conquérant, les concessions et les privilèges accordés par les seigneurs.

Par là, la connaissance de la *Coutume* est d'une grande
utilité pour le rétablissement de son histoire ancienne ; sa

1. Le village est la forme première de la propriété. Les hommes se
sont groupés sur certains points pour cultiver la terre, des besoins communs les avaient réunis ; leur réunion a créé pour eux des intérêts communs, de là le nom de communauté porté par les villages jusqu'à la fin
du siècle dernier. (Babeau : *Le village de l'ancien régime.*)

Dans la suite, une association mieux comprise et plus générale naît
naturellement de besoins plus grands : de l'appui du faible sur le fort ;
du pouvoir du fort sur le faible ; de la concession du conquérant à ses
alliés ; des privilèges du seigneur octroyé à ses sujets. C'est l'organisation
antique des Romains, des *domini* et des *servi ;* c'est celle du Moyen-âge,
relations directes du seigneur et des sujets, par l'établissement des voisi-
nages, des habitantages, des paroichages, le tout placé sur des droits et
des obligations, conséquences de services mutuels et découlant eux-
mêmes de la force et du respect de la protection et de l'obéissance ; accord
basé sur des concessions et formant une sorte de code ou d'us, de coutumes et de libertés.

Les coutumes orales, surtout écrites, sont la charte de la localité contre
la tyrannie et les caprices du grand, contre les velléités d'indépendance
des petits , et capables, par leur observation, de faire régner la force, le
bien-être, la paix et la tranquillité.

découverte est bien précieuse, offrant des documents parfois uniques sur l'antiquité de la cité, du bourg ou de l'humble communauté, rappelant leur formation, exposant leurs us et leurs privilèges locaux.

En général, le duc, comte, baron, simple seigneur, y ont fixé leurs ententes, accords avec leurs sujets, leurs concessions et leurs droits divers, leurs protections et aussi leur justice moyenne ou basse.

En conséquence, l'historien doit s'efforcer de chercher ces coutumes et est heureux de les découvrir.

La coutume d'une localité date du temps de son origine, de sa constitution; de là la diversité des époques des coutumes locales. Elles étaient orales, puis écrites. Dans la suite, ces dernières, à cause de certaines circonstances de guerre générale, de domination étrangère, de querelles intestines, d'incendies ou de négligences coupables, ont pu être anéanties ou disparaître; mais plus tard, ces us sont rappelés et réécrits.

Principalement à la fin du quatorzième siècle ou au commencement du quinzième siècle, ces coutumes locales sont reconstituées.

Les seigneurs, à quelque titre qu'ils soient, sont, à cette époque, suppliés, exhortés par leurs sujets; ils se décident à reconstituer ces actes, à les confirmer, même à les amplifier ou à en octroyer d'autres, pour satisfaire les besoins de la localité ou pour arrêter les abus, les indépendances réciproques, pour établir une entente plus fixe et plus capable d'apporter la paix, la force et la félicité de part et d'autre.

Aussi, c'est surtout dans cette époque du Moyen-âge, après la domination des Anglais, après les guerres religieuses, avec le rétablissement du calme, de l'ordre, que ces coutumes sont rappelées et que, souvent perdues, elles apparaissent et s'affirment dans de nouveaux parchemins.

* *
*

Parcourant les anciens et nombreux papiers de famille, chez M. Tony de Courrèges, de Saint-Michel, l'un des descendants des seigneurs de cette commune et de celle de Montberaud, j'ai eu la satisfaction de découvrir la coutume de la communauté de Montberaud ; je m'empresse de la livrer à la publicité, avec la pensée de contribuer à la synthèse de l'histoire médiavélique.

* *
*

La coutume de Montberaud, sur les bases de celle de Montesquieu-Volvestre, date du douzième ou treizième siècle. Son original s'égara par suite d'événements divers. Ne serait-ce pas aux temps troublés de l'occupation anglaise ou du passage des troupes anglaises dans la Gascogne, la Guyenne et dans une partie du haut Languedoc ?

Quoi qu'il en soit de la circonstance, le contenu primitif de cet écrit ou de ce contrat en quelque sorte bilatéral tomba dans l'oubli, et dès lors ne fut plus scrupuleusement observé. De là, des abus, des réclamations, des gênes, des mécontentements.

En 1416, Thibauld d'Espagne, descendant de Arnaud d'Espanha (1261), seigneur de Montbrun et du dit lieu de Montberaud-Volvestre, supplié humblement par les habitants, consentit à réécrire la vieille coutume de cette dernière communauté, avec le concours des consuls, des prud'hommes, des autres principaux habitants et de l'ensemble du peuple, et grâce surtout aux souvenirs et aux usages conservés.

Cette coutume, qui n'est qu'une copie du document original, est écrite sur un cahier composé de huit feuilles grand format en parchemin.

Elle est précédée du récit de la circonstance de son rétablissement. C'est une préface, en latin, relatant que c'est Thibauld d'Espagne (Théobaldus de Hispaña) qui, dans un but de paix et de bon ordre, reconnaît désormais la *Coutume* rétablie *de apud locum de Monteberaldo-Volvestri*, l'écrit à nouveau et s'engage à la confirmer, à l'observer, et ce avec le concours des consuls Jean Doat, Guillaume ....., et en présence de Jean de Fugre, Guillaume Manadé, Jean Loup l'ancien, et Pierre Loup, Pierre Basquère et Dominique Sale.

Après cette préface, suit la Coutume proprement dite. Elle est écrite en patois du Couserans et composée de trente-quatre paragraphes ou sections.

Ces paragraphes sont la description des privilèges accordés aux habitants de Montberaud relativement à l'assurance de leur vie, de leurs biens et de leurs libertés.

Ils énumèrent les droits seigneuriaux quant à l'exercice de la justice moyenne et basse.

Ils indiquent les peines pour l'adultère et diverses fraudes ; de nombreuses obligations à l'occasion des ventes et achats ; des entrées et sorties des habitants du territoire de Montberaud ; de la cuisson du pain, du ferrage et abatage des animaux ; des poids et des mesures, etc., etc. ; en un mot, ils relatent les relations entre le seigneur et les habitants de la localité.

*
* *

A la lecture de cette coutume, le paléographe est en face d'un écrit de l'époque du quinzième siècle, avec son style, sa langue, son orthographe, ses abréviations, dont le tout offre de nombreuses difficultés et néanmoins un certain charme.

Le sociologue constate avec intérêt les efforts d'une société qui se forme, évolue vers la civilisation, qui est loin d'être barbare, et dont la droiture et la sincérité dans ses rapports réciproques du chef et des sujets, dans le dévouement du seigneur et dans le respet et l'obéissance des habitants, sont bien capables de faire régner la sûreté et la tranquillité, l'ordre et le progrès d'une population unie.

Le moraliste, à son tour, observe, non sans étonnement pour cette époque reculée, l'établissement et l'exercice d'une justice ferme mais paternelle, variée mais non capricieuse, moyenne et basse, les justes châtiments des délits, fraudes et crimes, etc., etc.

Enfin, l'historien rétablit la vie publique d'une communauté du Moyen-âge ; la gestion des intérêts communs d'une localité, ses us et coutumes, ses privilèges et ses libertés, et tous ces avantages vécus à l'ombre d'un château non fortifié, mais puissant, qui a défié les révolutions et les guerres, les outrages des années et des siècles ; qui, dans sa petite mais fière robustesse, a été capable de protéger la contrée contre les excursions des fanatiques des guerres du seizième siècle et le passage de nombreux malandrins et brigands, et d'assurer la joie et le bonheur des habitants durant trois siècles consécutifs.

Cazères, le 25 octobre 1909.

Émile ESPAGNAT.

LA COUTUME DE MONTBERAUD

Au nom de Notre-Seigneur Dieu Jésus-Christ et de la Vénérable Vierge Marie, Mère de Jésus-Christ, et de tous les Apôtres et de tous les amis de Dieu, nous Thibauld d'Espagne autrement de Terris, seigneur de Montbrun et dudit lieu de Montberaud, après avoir pris conseil, et de notre gracieuse volonté et bonne conscience, et suivant justice, considérant qu'anciennement, par nos prédécesseurs, il aurait été donné et accordé des coutumes au dit lieu de Montberaud de Volvestre et à ses habitants; lesquelles coutumes ont été perdues par les dits habitants, lors de la prise du dit lieu survenue dernièrement selon ce qui nous a été exposé par les dits habitants, à ces causes et considérant que les sus dits habitants sont depuis demeurés sans coutumes, et vu les supplications qu'ils nous ont faites, nous nous sommes déterminés à leur accorder, octroyer et confirmer avec stabilité et pour toujours, et ce tant pour le présent que pour l'avenir à eux qui sont actuellement ainsi qu'à tous ceux qui viendront dans les suites habitants et demeurants dans le dit lieu de Montberaud et dans ses limites bonnes et durables coutumes pour toujours.

EXPOSÉ DE CETTE COUTUME

Ces coutumes portent et sont ainsi, savoir :

Excemption de quester et de tailler.

Que tous les habitants et bientenants dans le dit lieu de Montberaud de Volvestre, tant présents qu'à venir, seront excempts de toutes questes, de toutes tailles, de toutes vexations et de toutes injustes servitudes et extorsions, tant pour le présent que pour toujours, à moins que les droits qui seront imposés ne le soient de leur consentement; ils nous payeront seulement les droits pour les tenences qu'ils ont de nous, ou ils acquitteront seulement les droits accoutumés.

Vie et biens sauvegardés des habitants.

De rechef, je promets, octroie et confirme dans cette présente coutume sus dite, que nous ni personne par notre ordre, ne tuerons, ni ne ferons tuer aucun des habitants qui demeurent ou qui demeureront dans le dit lieu de Montberaud ou dans ses limites, et que nous ne prendrons ni ne ferons prendre leur argent non plus que leurs possessions, et que nous n'exigerons rien d'eux que ce qui pourra nous être adjugé par condamnation des prudhommes du susdit lieu de Montberaud, et que nous n'établirons aucune coutume onéreuse dans le dit lieu et que nous n'en ferons point établir. En même temps et par cette coutume même sus-ditte, il est permis, à tous hommes ou femmes qui existent actuellement ou qui seront à l'avenir dans le dit lieu de Montberaud, de donner, vendre et disposer par testament de tous leurs biens meubles et immeubles de quelque nature qu'ils soient et de quelque lieu qu'ils soient situés ; et il leur est loisible d'en faire à leur plaisir et volonté selon quelle disposition qu'il leur plaira ; et s'il arrive que quelque homme ou femme vienne à descéder sans tester, les biens qu'ils délaisseront, appartiendront à leur proche parent jusqu'au quart, et ce qui sera en sus, nous appartiendra pour en faire à notre volonté ; et, lorsque quelque homme ou quelque femme viendra à descéder sans faire son testament, les biens délaissés par eux seront gardés et administrés par le Conseil et par la commune du dit lieu de Montberaud, pendant l'espace d'une année, jusqu'à ce que voit, pendant la dite année, qu'il se présente quelque parent ou parente à qui les effets du mort ou de la morte appartiendront.

La justice basse et moyenne relève du seigneur.

Idem, il sera de même coutume que si aucun différent ou procès s'élevait entre les habitants du dit lieu, chateau et dépendances de Montberaud, le procès sera jugé et terminé par notre Bayle, c'est-à-dire juge, et par les prudhommes du sus dit lieu de Montberaud ; et s'il arrivait que le juge et les prudhommes ne se trouvassent point d'accord et ne puissent s'accorder dans leurs opinions, le seigneur dans ce cas pourra appeler un juge étranger, et les deux parties seront tenues de consigner des gages chacune de leur côté, et le perdant payera lui seul les frais consignés par les deux plaideurs et ceux qui appartiendront à la justice du seigneur ; et si le seigneur ou son juge ou ceux qui leur appartiennent faisaient aucune demande ou avaient quelque différent contre quelque homme ou quelque femme du sus-dit lieu de Montberaud ou de son ressort, que le différent soit instruit et jugé par les prudhommes ; et si le seigneur ou ses juges faisaient aucune demande à quelque homme ou quelque femme du dit lieu ou de son ressort, et qu'il peut le constater non par le témoignage de quelque homme de sa dépendance, mais par d'autres dont ils puissent apprendre la vérité des témoins produits par le seigneur, pourvu que les témoins soient du dit lieu ou de son ressort et de bonne renommée, et ces témoins ayant été ouïs par serment, il sera fait droit au seigneur selon sa demande.

Le cas d'adultère.

Item, sera coutume dans le dit lieu de Montberaud, que si le seigneur ou son juge font arrêter aucun homme marié ou aucune femme ayant son mari, il faut qu'il y ait deux prudhommes assermentés du dit lieu de Montberaud, mais qui ne seront pas de la dépense du seigneur, ni fermiers de ses droits seigneriaux, qui ayant trouvé « l'home sober la fenna, bayssadas las bragues (hauts de chausses baissés) entre las cambas de la fenna, et la fenna sia nuda et despolhiada, o (ou) sas vestimentas lebadas entro al ventre, o sian als dus nuts en ung lëyt en estat maniera », ils pourront être arrêtés, et si les témoins ne sont pas d'abord crus dans leur déposition, on y ajoutera foi, cependant après qu'ils auront attesté par serment que ce qu'ils disent est véritable, et ensuite l'avoir été. Tout ce qui appartiendra à les adultères sera confisqué au profit du seigneur, sans cependant toucher aux corps ni aux membres des coupables.

De plus, si quelqu'un, nouveau venu ayant femme, ou si une femme ayant mari venait à se retirer dans le chateau de Montberaud pour y habiter, le seigneur ni les juges ne pourront prendre occasion de sévir contre eux, sur le fait qui est ci-dessus, à moins qu'ils ne soient accusés et qu'il n'y ait clameur contre eux ; mais si la femme se plaignait de son mari ou le mari de sa femme, et qu'il en soit porté plainte au seigneur, cette cause sera jugée par les susdits prud'hommes de Montberaud, et le seigneur aura cinq sols d'amende, pour son droit de justice de celui qui sera jugé dans son tort ; et si de cette plainte il s'ensuivait procès et qu'une des parties ne suivit pas le jugement et mépriserait ce qui serait ordonné, si dans la suite, il était surpris en adultère, ainsi qu'il est exprimé plus haut, son crime prouvé il subira la peine à laquelle sont condamnés les adultères, portées dans l'article précédent.

Arrestation sans plainte interdite.

Item, le seigneur, ni son juge ne peuvent emprisonner nul homme ni femme habitant du dit lieu de Montberaud, s'il n'y a plainte contre eux, et personne ne doit être arrêtée ni emprisonnée à moins que ce ne soit en conséquence d'un jugement des prudhommes du dit lieu, et si quelqu'un qui sera accusé veut défendre sa cause, il doit lui être accordé sauvegarde pendant huit jours ainsi que la coutume dudit lieu le porte, et s'il jugeait à propos de défendre sa cause sur le champ, sans profiter du délai, il lui sera loisible de le faire.

Les malfaiteurs ne peuvent être capturés s'ils prêtent caution.

Item, le seigneur ni son juge ne pourront faire capturer aucun homme ou femme du dit lieu de Montberaud quelque préjudice qu'ils aient causé, dès-lors qu'ils auront des suretés à donner pour la réparation du dommage qu'ils auront faits, à moins qu'ils n'aient commis un meurtre public, et dans ce cas ou le bayle outrepressait ce privilège, et sans y avoir égard ferait emprisonner quelqu'un des habitants dudit lieu, et le frustrerait du droit ci-dessus énoncé, dans ce cas, celui ou celle qui aurait été arrêté ne serait tenu à rien au vis à vis du seigneur ni du juge.

Les malfaiteurs seront arrêtés et remis au seigneur.

Item, si quelqu'un du dit lieu de Montberaud trouvait son malfaiteur dans le dit lieu de Montberaud ou dans l'étendue de sa juridiction, il doit le capturer, s'il le peut, et il doit le garder ou le remettre au seigneur jusqu'à ce qu'il ait réparé le préjudice qu'il a causé ou qu'il ait donné des suretés pour cela, et la garde doit être ainsi; qu'il le rende au seigneur quand il l'aura arrêté s'il ne le peut garder.

Cas des malfaiteurs arrêtés par erreur.

Item, si aucun des habitants du dit lieu de Montberaud arrêtait ou faisait arrêter quelqu'homme ou quelque femme soit dans le dit lieu de Montberaud ou hors du dit lieu, qui ne lui aurait causé aucun préjudice, les réparations qui seront dues à la personne arrêtée injustement seront réglées par le juge et les prudhommes de Montberaud, et s'il en était porté plainte au seigneur, il lui sera accordé 10 sols d'amende à payer par celui qui sera trouvé dans son tort, mais il ne pourra exiger autre chose.

Cas du déni de justice.

Item, si homme ou femme de Montberaud portait à aucun des juges du dit lieu, et que le juge ne fît pas cas de cette

plainte soit par amitié ou intérêt quelconque qu'il prendrait
à l'accusé dans le cas d'un déni de justice, le plaignant aura
droit de saisir partout de son autorité celui qui lui aura causé
préjudice, quand il l'aura prouvé par devant les prudhommes
de Montberaud.

Cas du larron.

Item, si aucun homme ou aucune femme étaient surpris
de vol, avec preuve par témoins assermentés, le voleur sera
arrêté, et le dommage porté à celui qui a été volé sera réparé, et le seigneur aura pour sa justice 60 sols d'amende,
si le vol a été fait le jour ; et s'il a été commis de nuit, les
biens du voleur seront confisqués au profit du seigneur, et
il sera fait justice du corps du voleur par les juges de la justice du seigneur. Mais si le larron devait quelque chose, la
dette sera préalablement payée aux créanciers sur ses biens
dont le reste appartiendra au seigneur selon ce qui est exprimé dessus, et qu'il doit être entendu ainsi, savoir : que si
le vol était de valeur de 12 deniers ou au dessous, et qu'il
eût été fait le jour, le seigneur aurait 20 sols d'amende, et
s'il était commis de nuit, il aurait 60 sols aussi d'amende, et
si aucun homme ou femme dérobaient des fruits, des légu-
mes de jardin, ou des raisins de vigne ou des gerbes de blé
vert ou de l'herbe dans les prés, et que le délit fût commis
de jour et qu'il y eût plainte, le seigneur aura 5 sols d'amende
pour sa justice ; mais si le vol est fait de nuit, le seigneur
aura 20 sols aussi d'amende, et le dommage sera réparé
en faveur de celui qui l'aura souffert, et les choses remises
en le même état qu'avant le délit, selon les connaissances
des prudhommes de Montberaud.

Cas de l'homicide.

Item, celui qui aura commis homicide et dont le crime
sera prouvé par des témoins assermentés, aura tous les biens

confisqués au profit du seigneur, après toutes fois que les dettes du criminel en auront été distraites et acquittées à ses créanciers ; le seigneur faira faire justice du corps du criminel et aucun homme ou femme n'est tenu de poursuivre à ses dépens pour aucun homicide soit pour son père, pour sa mère, femme ou pour fils ni pour aucun autre homme ou femme que se puisse être, à moins qu'il ne fasse cette poursuite de sa pure volonté, car s'il entreprenait cette poursuite de sa volonté, pour faire rendre justice, il serait tenu à fournir à tous les frais qu'elle exigerait.

Cas de blessure.

Item, si aucun homme ou femme en frappe un autre du couteau ou de quelque autre instrument ferré, si de ce coup il y a plaie, et qu'il en soit porté plainte au seigneur, celui-ci aura 60 sols d'amende, et si aucun tirait le couteau avec colère contre un autre et que le seigneur en ait plainte, il aura 20 sols d'amende pour sa justice, c'est-à-dire de celui qui aura tiré le couteau, ainsi que lorsqu'il y aura épanchement de sang de quelque coup donné de main ou de poing, et qu'il en soit adressé plainte au seigneur à sa justice et de tout ce qu'il sera fait droit au plaignant à la connaissance des juges et prudhommes du dit lieu de Montberaud.

Cas de la violation nocturne de domicile.

Idem, si aucun des habitants de Montberaud trouvait chez lui, pendant la nuit, aucune personne, ayant sa porte fermée, son feu éteint et après que le seigneur et ses gens seraient couchés, il arrêtera cette personne et la remettra au seigneur pour en être fait justice selon ce que le juge et les prudhommes ordonneront, et si cette personne se défendait lorsque l'on voudra s'en saisir, et qu'on vînt à la tuer, celui qui la tuera ne sera point sujet à être puni.

Cas du partant de Montberaud.

Item, si aucun habitant du dit lieu de Montberaud voulait quitter le dit lieu et se transporter ailleurs, le seigneur doit ne point s'y opposer et le laisser partir et emporter tous les effets au lieu où il jugera à propos ; et si celui qui changera de domicile formait un établissement fixe en un autre lieu, il sera forcé de vendre toutes les possessions qu'il aura au dit lieu de Montberaud, s'il réside pendant un an dans une autre juridiction.

Cas : pour sévir il faut plainte.

Item, le seigneur, ni les juges ne pourront sévir contre aucun homme ou femme du dit lieu de Montberaud, à moins qu'il n'y ait plainte contre eux ou qu'ils n'eussent eux-mêmes formé quelque plainte par-devant nous ou qu'ils ne dussent quelque chose pour eux ou pour quelqu'autre, et enfin à moins qu'ils n'aient commis quelque tort contre la personne du seigneur ou du bayle.

Cas relatif aux poids.

Item, le poids de Montberaud doit être égal à celui qui est en usage dans le comté de Toulouse ; mais si quelqu'un achetait ou vendait par mauvaise foi avec un poids plus petit ou plus grand, il payera 60 sols d'amende au seigneur pour sa justice après que les prudhommes auront reconnu la fraude, et il sera discuté si le poids appartenait à celui qui s'en servait pour acheter ou pour vendre, ou bien s'il le tenait de quelqu'autre personne ; et si réellement il se servait de ce même poids emprunté pour vendre ou acheter, dans ce cas il ne pourrait être condamné à rien, et il en sera cru sur serment, et s'il prouve manifestement qu'il tient le poids d'autre personne, celle-ci sera condamnée à l'amende au profit du seigneur, à la discrétion des prudhommes.

Cas relatif aux mesures.

Item, les mesures pour l'aunage sont les mêmes au lieu de Montberaud que celles qui sont en usage dans le comté de Toulouse, et c'est avec celles-là qu'on peut acheter ou vendre ; et si quelqu'un se servait de ces aunes qui ne fussent point de la mesure requise et qu'il fût surpris s'en servir soit pour acheter ou pour vendre, sera amendé de 60 sols au profit du seigneur pour sa justice, si les dites aunes appartiennent à celui qui sera surpris en fraude ; mais si par cas le vendeur ou le dit acheteur avec les fausses aunes disait que les dittes aunes n'étaient point à lui et qu'elles appartiennent à d'autre personne et qu'il vienne à le prouver, il sera admis à jurer qu'il les croyait justes et de mesure requise, et cru sur son serment, à moins qu'on ne lui prouve manifestement le contraire par quelqu'autre moyen, et le seigneur n'aura prise que sur celui à qui les dittes aunes appartiennent, après que ç'a aura été reconnu par les prudhommes de Montberaud.

Cas relatif aux prêts.

Item, si aucun des habitants du dit lieu de Montberaud prêtait quelque chose à quelqu'homme ou femme de Montberaud et que le débiteur venait à nier cette dette après que le créancier aura prouvé cette dette être véritable et ce par le témoignage de témoins assermentés et du dit tiers, ce sus dit débiteur ne pourra rien objecter contre les dits témoins à moins qu'il ne produise aussi des témoins de son côté aussi assermentés et demeure du dit lieu ; de plus, si la dette ci-dessus exprimée était faite par acte retenu par un notaire ordinaire et juré, le débiteur ne pourra aller contre ledit acte par témoins, à moins qu'il n'oppose aussi un acte contraire retenu par un écrivain ordinaire et juré du dit lieu ou d'autre à la connaissance des juges et prudhommes dudit lieu.

Cas relatif à la vente du vin.

Item, si quelqu'un voulait vendre du vin à la taverne au dit lieu de Montberaud après avoir fait crier le vin, il pourra le vendre avec sa mesure ; mais si cette mesure se trouvait plus petite que celle qui est établie dans le dit lieu, savoir du huitième ou de huit en sus, jusqu'à une...?..., celui ou celle qui sera en contravention sera condamné à 60 sols envers le seigneur pour amende ; de plus, celui ou celle qui aura fait crier son vin ne pourra ensuite en augmenter le prix ni en discontinuer la vente à moins qu'il ne le gardât pour son usage ; ce qui sera décidé par les prudhommes du dit lieu de Montberaud ; et tout homme du dit lieu peut vendre son vin de demi cart de moins et d'une ensine en sus, à sa volonté tant dans le dit lieu que dehors, et le seigneur ni personne de ses gens ne pourra mettre des droits sur le dit vin qui se débitera à la taverne ou d'autre façon dans le dit lieu, à moins que ce ne soit de la volonté des prudhommes du dit lieu de Montberaud.

Cas relatif à la vente du blé.

Item, celui qui voudra vendre du blé doit le vendre mesure rase du dit lieu, quelque blé que ce soit, et s'il veut vendre des noix il faut qu'il en donne trois quartiers rases pour deux, et s'il vendait plus ou moins grandes quantités que ce soit toujours dans le même rapport et que la mesure soit juste ; et celui qui achètera ou vendra avec une mesure fausse payera 60 sols d'amende pour la justice ; et ceci est également entendu pour la mesure de l'huile.

Cas relatif axu lanens.

Idem, si le seigneur recevait plainte contre aucun dels *lanens,* celui-ci doit donner des assurances qu'il fera raison de cette plainte selon l'avertissement du seigneur et des prudhommes du dit lieu, et si le même *lanens* portait de son côté plainte contre quelqu'un, il doit donner de suite assurance qu'il fera droit ; — item, si aucun revendeur achetait dans le dit lieu de Montberaud aucun meuble, c'est-à-dire meubles de friperies, et que quelque habitant voulût s'accommoder d'aucun de ces meubles ou effets achetés par le fripier, soit qu'il le voulût pour son usage ou pour quelqu'un de sa famille ou des personnes qui demeurent chez lui, il pourra prendre cet objet pour le même prix qu'en a donné le revendeur, mais il faudra qu'il le prouve avant que le revendeur soit rentré dans sa maison, et que la chose se paye comptant.

Item, qu'aucun boulanger...

Cas relatif aux meuniers.

Item, les meuniers et leurs valets recevront le blé pesé pour le moudre, et ils rendront la farine bien moulue, et recevront le poids de demi-quartierre au-dessus, et ils ne doivent prendre pour leur droit de mouture qu'un sezième, car si aucun meunier ou aucun de ses serviteurs se refusaient de moudre pour le droit d'un sezième, ainsi que c'est fixé dessus, le seigneur aura d'eux 5 sols d'amende pour sa justice, s'il y a plainte de cela, et il fera faire justice ou droit au plaignant.

Item, tous venants au dit lieu de Montberaud, avec ce qui leur appartient, seront en sûreté à moins qu'on n'eût méfiance que ce ne fût un débiteur ou un malfaiteur, ou qu'on n'eût méfiance de guerre.

Cas relatif au viol.

Item, si quelqu'un abusait d'une fille vierge contre son gré, et que le corrupteur fût plus noble et plus âgé que la personne séduite, celui-ci doit la prendre en mariage ou lui donner un mari de son état au choix de la ditte fille ; mais si celle qui aura été abusée se trouvait d'un état plus relevé, qu'elle fût plus noble que le séducteur, il faudra qu'il lui procure un mari convenable à son état et condition, s'il peut le faire ; et s'il ne le peut pas, tous ses biens seront adjugés à la femme qu'il aura séduite ; et il sera puni en outre de peine corporelle par jugement du bayle et prudhommes du dit lieu de Montberaud, quand ceci sera prouvé à la connaissance du juge et des dits prudhommes.

Idem.

Item, si quelqu'un violentait aucune femme, qu'il fasse droit à cette femme par le jugement du bayle et des prudhommes du dit lieu de Montberaud ; et si la plainte en était portée au seigneur, ou que cette plainte fût de la part d'une femme abusée, le seigneur aura 60 sols pour sa justice d'amende.

Cas de vente ou achat à un étranger.

Idem, si aucun des habitants vendait quelque chose ou prêtait quelque chose à un étranger qui habitât hors du lieu de Montberaud... premièrement, il doit requérir les bayle et prudhommes de la ville où demeure son débiteur, dans la croyance qu'ils se feront payer de cette dette, et si le bayle ou les prudhommes de ce lieu ne se font point payer, le dit habitant de Montberaud pourra faire...

Cas de la femme et de ses biens, en face
d'un homicide.

Item, il est spécifié que si quelqu'homme est puni pour homicide, pour vol ou pour quelqu'autre crime qui emporte confiscation de biens au profit du seigneur, et que les malfaiteurs soient mariés, leurs femmes ne seront point tenues des crimes de leurs maris, et les biens ou droits qu'elles ont sur les avoir de leurs maris seront prélevés et rendus.

Cas de celui qui vient habiter Montberaud.

Item, tout homme ou femme qui est déjà venu habiter ou qui viendra dans les suites résider à Montberaud y soit sauf et en sûreté de quelque lieu qu'il vienne avec tous les meubles, ses terres et possessions quelconques qu'il pourra avoir acquis d'autre personne, à moins que ce ne soit d'un homme de corps, et qu'il puisse faire et disposer à ses volontés de les dittes possessions pourvu qu'il ne soit pas lui aussi homme de corps, et que les possessions ou terres ne relèvent de quelque seigneur, il faut qu'il abandonne les possessions à moins que le seigneur ne veuille les lui continuer; dans ce cas, il faudra qu'il lui en donne l'investiture. Tout homme ou femme qui est venu ou qui viendra habiter en sus dit lieu de Montberaud ou qu'il fût devenu serf par cause de quelque tènement qu'il eût reçu et que personne ne s'opposât à cette concession qu'il puisse disposer à sa volonté des biens meubles, s'il n'était prouvé qu'anciennement il fût homme de corps et qu'il le fût de race, ce qui ne pourra être prouvé que par acte ou titre écrit par un écrivain public; et si aucun homme qui est venu ou viendra dans le dit lieu de Montberaud a engagé ou acheté des terres d'aucun homme...

Composition de la justice à Montberaud.

Item, la cour ou justice de Montberaud sera composée du juge ou de celui qui le représentera, et des consuls qui sont établis par la commune du dit lieu et par le seigneur.

Cas relatif aux forges.

Item, qu'on sache que les forges du dit lieu de Montberaud appartiennent au seigneur et que l'on doit lui payer pour l'équipage des outils ou instruments de labour une ensive de blé; c'est quatre mesures par paire de bœufs, savoir une quartière, deux mesures de froment et autant d'avoine pour le dit seigneur, et l'autre moitié pour le forgeron ou pour celui qui tiendra sa place, et tous généralement les habitants qui résident ou qui résideront à l'avenir au dit lieu de Montberaud ou dans l'étendue de son territoire seront tenus de faire aiguiser aux dites forges, soit qu'ils demeurent dans ou hors le dit lieu au cas que le dit seigneur entretienne des forges; et s'il arrivait qu'il n'entretînt point pour tous, il ne sera rien dû au dit seigneur, et s'il y en tenait, et qu'aucun des habitants allaient aiguiser à d'autres forges que à celles du seigneur, celui-ci aura 10 sols d'amende pour la justice, et il sera tenu de payer le droit fixé comme s'il avait fait aiguiser aux forges seigneurales. Les meuniers sont aussi tenus de faire aiguiser aux dites forges, et chacun d'eux doit payer une quartière, deux mesures de froment pour les pointes, et au moyen de ci-dessus, les forgerons doivent aiguiser loyalement et de bonne foi sous leur serment qu'ils seront tenus de prêter, et ils doivent aiguiser les pièces de fer des charrues neuves.

Cas de certaines redevances au seigneur.

Les habitants doivent donner au seigneur 5 deniers de redevance pour chaque bœuf ou vache, 3 deniers par cochon et une malgoyre[1] pour chaque mouton ou brebis ou chèvre, et tous ceux qui feront cuire leur pain aux fours du seigneur, selon qu'ils y seront tenus, seront tenus de payer de vingt pains un, et les boulangers en donneront de seize un, et tous les habitants feront deux gâteaux dont l'un sera pour le fournier pour ses peines, et l'autre appartiendra à la personne qui ira chercher la pâte et rapporter le pain cuit. Et si quelqu'un faisait cuire plus de vingt pains, il payera à proportion de ce qui est fixé plus haut...

Cas relatif au jeu du dé.

Item, s'il est dû à quelques-uns des habitants de Montberaud quelque dette pour jeu de dez[2] (dés) le perdant ne sera point tenu personnellement pour cette dette, mais toutes les possessions de ce joueur au dé seront en prise au créancier du perdant.

Idem.

Item, si aucun des habitants de Montberaud retenait en gage pour dette de jeu aux dez des effets des enfants ou des serviteurs des prudhommes de Montberaud, comme capes ou couteaux ou autres meubles, il sera tenu de les remettre au seigneur sur-le-champ.

1. Malgoyressa.
2. Dats, **dé**.

Cas relatif à certaines réparations.

Item, si aucun homme ou femme faisait quelque méfait contre autre personne, celle qui l'aura souffert aura une réparation au jugement des prudhommes, et le coupable payera une amende de 200 sols au seigneur; mais il faudra que ce méfait soit prouvé par des témoins irréprochables; et si le méfait ne pouvait être, toute la communauté doit, ainsi que tout ce qui en dépend, le réparer en bonne foi, selon le pouvoir d'un chacun; et sous les méfaits sont entendus : si on tue du bétail à quelqu'un, comme chevaux ou roussins... mulets, ânes, bœufs ou vaches ou autre bétail, à la connaissance et discrétion des prudhommes, ainsi que tout vol ou incendie qui serait commis de nuit; dans ce cas, celui ou celle qui en serait l'auteur serait puni corporellement et sur ses biens à la volonté du seigneur.

Cas de certaines exceptions dans la réparation d'un tort.

De plus, si quelqu'un réclamait quelque dette de quel homme qui fût dudit lieu de Montberaud, le créancier ne pourra saisir pour son dû ni les armes, ni les draps de lit, ni les vêtements journaliers de son débiteur, à moins qu'il ne les eût achetés de lui-même; et de plus, si aucun homme ou femme du dit lieu de Montberaud voulait quitter le dit lieu et se fixer ailleurs, le seigneur doit les laisser partir avec tous leurs effets en quelque lieu qu'ils veuillent aller, faire ou sauver, sans rien exiger d'eux, et qu'ils soient tenus de payer aucun droit au dit seigneur.

Ces coutumes ainsi écrites et relatées dont nous venons de donner la traduction sont suivies d'un texte en latin les approuvant par le seigneur et les consuls.

Ce texte est ainsi conçu :

« Et ipsis lectis per eumdem Dominum Teobaldum diligenter auditis et intellectis, promiserunt illas tenere, servare et facere tenere et contra illas non venire, sub ypotheca et obligatione omnium bonorum mobilium et immobilium praesentium et futurorum, et ad memoriam omnium et singulorum promissorum, roboris firmitatem habent et obtinent. Praefatus Dominus Teobaldus omnia et singula supradicta servare, entendere et complere et in nullo contra servare, durare vel venire, supra sancta quatuor Dei evangelia sua dextera manu corporaliter et sponte tacta, fuerant acta fuerunt !... hoc in castro praedicto de Monteberaldo, anno, mense dictis, praesentibus testibus Domino Arnaldo Salomerio praesbitero, nobilibus Arnaldo, Guillem o de Arvilo compasuto? de Prada bordeleto de Vou, Bertrando Lapasse surgissore ?, Petro Deso... cum dicto Domino Theobaldo Domino praedicto et me Bernardo de Mancontio notario... et venerabilium dominorum de capitulo Tholosae qui de promissis requisitus instrumentum retinui et in hanc publicam formam per magistrum Johannem de Petus (de Petit) notarium publicum loci de Montesquieu-Volvestre... fidelem, et in notarii grosse feci hic, quo subscripsi et signo meo apposui assuetum in testimonium promissorum. »

Bdus.

TABLE

Toulouse, Imp. DOULADOURE-PRIVAT, rue St-Rome, 39. — 8176